Título original
Avoid being a Skyscraper Builder!

Autor:
John Malam estudió Historia antigua y Arqueología en la Universidad de Birmingham, Inglaterra, después de lo cual trabajó como arqueólogo en el Museo Ironbridge Gorge en Shropshire. Ahora es escritor especializado en libros de no ficción para niños. Vive en Cheshire con su esposa y sus dos hijos.

Ilustrador:
David Antram nació en Brighton, Inglaterra, en 1958. Estudió en la Escuela de Artes de Eastbourne y trabajó en publicidad durante quince años antes de convertirse en artista de tiempo completo. Ha ilustrado numerosos libros de no ficción para niños.

Creador de la Serie:
David Salariya nació en Dundee, Escocia. Ha ilustrado una amplia gama de libros y ha creado y diseñado muchas series para editores en el Reino Unido y otros países. David fundó la Compañía de Libros Salariya en 1989. Vive en Brighton con su esposa, la ilustradora Shirley Willis, y su hijo Jonathan.

Malam, John, 1957-
¡No te gustaría ser un constructor de rascacielos! / John Malam ; traductor María Patricia Esguerra ; ilustraciones David Antram. -- Bogotá : Panamericana Editorial, 2009.
32 p. : il. ; 24 cm. -- (No te gustaría ser ...)
Incluye glosario.
Título Original : Avoid being a skyscraper builder!
ISBN 978-958-30-3201-1
1. Arquitectos - Literatura infantil 2. Rascacielos - Literatura infantil 3. Arquitectura - Literatura infantil 4. Cuentos infantiles ingleses I. Esguerra, María Patricia, tr. II. Antram, David, 1958- , il. III. Tít. IV. Serie.
I720.483 cd 21 ed.
A1221373

CEP-Banco de la República-Biblioteca Luis Ángel Arango

Editor
Panamericana Editorial Ltda.
Dirección editorial
Conrado Zuluaga
Edición en español
Luisa Noguera Arrieta
Traducción
María Patricia Esguerra

Primera edición en Panamericana Editorial Ltda., julio de 2009

Calle 12 No. 34-30, Tels.: (571) 3603077 – 2770100
Fax: (571) 2373805
www.panamericanaeditorial.com
Bogotá D.C., Colombia

ISBN 978-958-30-3201-1

Impreso por Panamericana Formas e Impresos S.A.
Calle 65 No. 95-28, Tel.: (571) 4300355, Fax: (571) 2763008
Bogotá D.C., Colombia
Quien sólo actúa como impresor.

Impreso en Colombia *Printed in Colombia*

¡No te gustaría ser un constructor de rascacielos!

Escrito por
John Malam

Ilustrado por
David Antram

Creado y diseñado por
David Salariya

PANAMERICANA
EDITORIAL

Contenido

Introducción

¿Qué tan malo puede ser? Como millones de trabajadores en los Estados Unidos de América durante la Gran Depresión, estás sin trabajo. Cada día recorres las calles de la ciudad de Nueva York buscando empleo. Has hecho esto durante meses, pero no importa dónde vayas, la respuesta siempre es la misma:
No hay vacantes.

No siempre fue tan duro. Hasta el año pasado tenías trabajo como constructor y ganabas el dinero suficiente para comprar comida y pagar las cuentas. Pero luego llegó el "Martes negro" –29 de octubre de 1929. Fue un día de pánico en el mundo de los negocios, y en pocas horas las compañías perdieron millones de dólares. Estas compañías, incapaces de pagar los sueldos de los trabajadores, tuvieron que despedir (echar) a mucha gente. Fue el comienzo de la Gran Depresión –una época de pobreza y privaciones.

Perdiste tu trabajo, ¡pero eso no quiere decir que seas un perdedor! Has oído sobre el proyecto de construir un nuevo rascacielos gigantesco en Manhattan, una de las zonas más prósperas de la ciudad de Nueva York. Debes ser optimista, y tal vez encuentres empleo allí.

¡Cielo arriba!

Nueva York crece

La isla de Manhattan es el corazón de la ciudad de Nueva York. Está repleta de almacenes, hoteles y oficinas, y se ha abarrotado tanto, que los nuevos edificios deben crecer hacia arriba.

No es de extrañar que Nueva York sea el lugar de nacimiento de los rascacielos. A finales de los años 1920, ya hay quince torres de más de 152,5 m (500 pies) de altura. Pero mientras está creciendo la ciudad, tu vida se está derrumbando.

Has estado sin trabajo desde el "Martes negro", y eres uno de los 6.000 desempleados rebuscándose la vida en las calles de Nueva York.

Boom y quiebra

BOOM. Antes de la depresión, había mucho trabajo para todos. Cuando terminabas un trabajo de construcción, ya te movías para el siguiente. La vida era buena.

1929: MARTES NEGRO. Mientras los hombres de negocios comerciaban a precios de ganga, se perdieron fortunas.

QUIEBRA. La firma para la que trabajabas está fuera del negocio. Ahora eres uno de los millones de desempleados.

Consejo práctico

Pregunta por los alrededores dónde encontrar trabajo.

1913: Edificio Woolworth. 60 pisos, 241 m (792 pies)

1908: Edificio Singer, 47 pisos, 187 m (613 pies)

1909: Torre de Seguros de Vida Metropolitan. 50 pisos, 213 m (700 pies)

1894: Edificio de Seguros de Vida Manhattan. 17 pisos, 106 m (348 pies)

1846: Iglesia de la Trinidad. 86 m (281 pies)

1875: Edificio de la Tribuna de Nueva York. 9 pisos, 87 m (260 pies)

1902: Edificio Flatiron 22 pisos, 87 m (285 pies)

1890: Edificio Mundial de Nueva York. 18 pisos, 94 m (309 pies)

1889: Edificio Tower 11 pisos, 49 m (160 pies)

Nota: Los edificios no se muestran en sus ubicaciones reales.

¡Obrero! Es tu trabajo

Luego de vender manzanas en las calles durante algunas semanas, ha cambiado tu suerte. Has conseguido empleo como obrero en un sitio en demolición. Es un trabajo peligroso, pero la paga es buena: a un dólar la hora. El lugar está en la esquina de la 5ª Avenida y la Calle 34, donde 600 trabajadores están demoliendo el Hotel Waldorf-Astoria para hacerle espacio a un nuevo rascacielos. El trabajo debe estar terminado en febrero de 1930. Se han transportado cerca de 13.600 toneladas de hierro y acero para ser recicladas, y se han arrojado al mar miles de toneladas de escombros.

HOTEL DE CLASE ALTA. Abierto en 1897, el Waldorf-Astoria fue el más grandioso hotel de Nueva York. Tenía más de 1.000 habitaciones.

SUBASTA. Cuando se cerró el hotel, todo su contenido fue vendido.

LEÑA. Los trozos de madera de la demolición del hotel se dejaron para que los pobres se los llevaran.

Peligros de la demolición

Consejo práctico

Usa el equipo apropiado: gafas para proteger tus ojos, guantes fuertes, y botas con punteras de acero.

¡Una explosión! ¡Boom! Explosiones en el trabajo

PASO A PASO. Se empujan tacos de dinamita dentro de los huecos taladrados en la roca. Los explosivos se unen con alambres. Cubiertas de hierro detienen la dispersión de los escombros.

1. Taladrado

2. Carga

3. Alambrado

4. Cubierta

Con el viejo hotel fuera del camino, ahora es el momento de cavar el hueco de los cimientos del nuevo rascacielos. Te unes al equipo de dinamiteros cuyo trabajo es excavar la roca sólida.

La manera más rápida de limpiar el suelo suelto y la roca es volándolos. Tú operas un taladro. Es tan ruidoso que daña tus oídos*. Esto puede ser un problema –si no oyes el silbato de advertencia, ¡puedes quedar atrapado en una explosión! El tiempo es precioso, pronto regresas a taladrar el hoyo para la siguiente explosión. A medida que avanzas las máquinas removedoras de tierra, retiran los escombros.

* *Ya se inventaron los protectores de oídos, pero en esta época, a la mayoría de los trabajadores no les gusta usarlos.*

¡Peligro!

ACCIDENTE FATAL. Un hombre muere cuando corre dentro del área de explosión y queda atrapado en la misma.

RUIDOS. El silbato es la señal para protegerse. Escuchas un sonido sordo desde el fondo de la tierra y las cubiertas se levantan por la explosión.

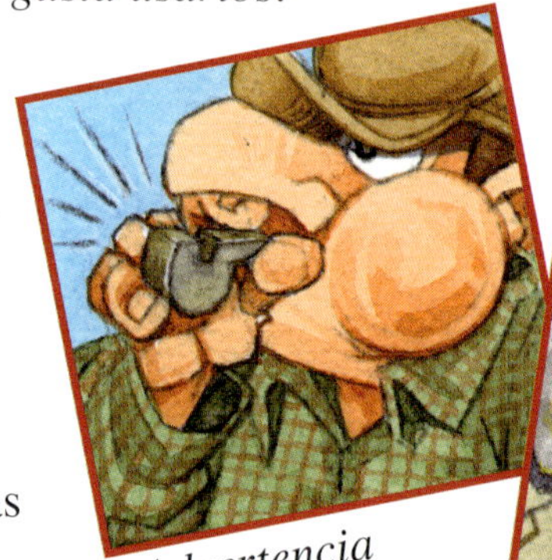

5. Advertencia

6. ¡BOOOM!

Consejo práctico
¡Cuidado con los huecos! Los creados por la explosión son profundos. ¡No caigas en uno!
¡BOOM!
¡Oídos de trapo! ¿No oíste el silbato?
¡Oye! ¿Dónde está la advertencia?

¡Lecho de rocas! Hueco profundo

El rascacielos se llamará Edificio Empire State* y debe estar terminado en mayo de 1931. En menos de dieciocho meses, ¡el edificio más alto del mundo estará donde tú estás parado ahora!
En los días en que no hay explosiones, trabajas como hombre de tierra, guiando el gigantesco cubo de la pala de vapor recogiendo los escombros. Ten cuidado: ¡no vayas a ser golpeado por las rocas que caen! Después de excavar y de recoger los escombros, encuentras un lecho de roca sólida. Es el momento de comenzar a elevar la torre.

** Empire State es un apodo para el estado de Nueva York.*

Noche y día

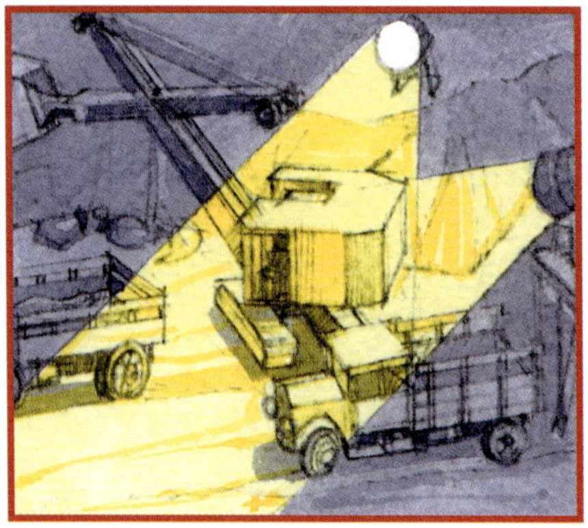

NO SE DETIENE. El hueco de la excavación para los cimientos mide 12 m (40 pies) de profundidad. Se trabaja de día y de noche.

PALAS. Cuatro palas de vapor recogen la roca suelta. Cada pala es manejada por tres hombres.

GRÚAS. Tres grúas de vapor transportan el material de construcción y el equipo dentro y fuera del hueco.

TORRES DE PERFORACIÓN. Las torres de perforación de patas rígidas se despliegan a los lugares adonde otras grúas no pueden llegar. En el sitio hay tres.

CAMIONES. Para marzo de 1930, se habían retirado del sitio 28.529 cargas de escombros.

¡Estructura!

Esqueleto de acero

Es lunes 17 de marzo de 1930, y se han traído las primeras piezas del esqueleto de acero del rascacielos desde Pittsburg, a 388 millas (624 km) de la ciudad de Nueva York. Las calderas de la "Ciudad de acero de América" trabajan sin descanso para hacer las vigas necesarias. Cuando lleguen, todavía estarán calientes. Cada barra se numera, y las grúas las bajan dentro de los huecos de los pilares de acople. Se derraman toneladas de concreto dentro de los huecos, y cuando se solidifica, las vigas quedan aseguradas en el lecho de roca. Ten cuidado, los accidentes pueden ocurrir fácilmente.

Grandes diseños

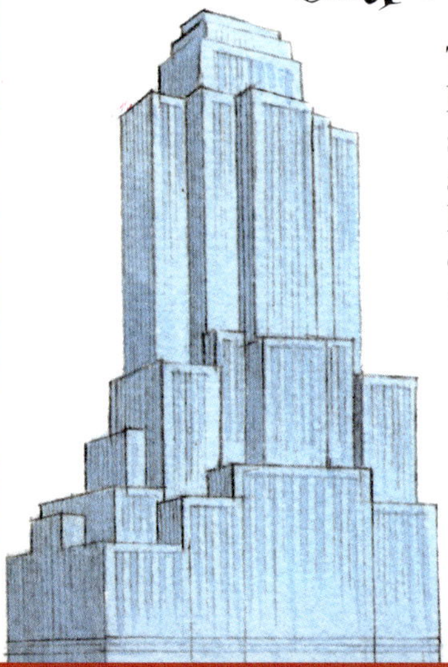

TODO CAMBIA. El Empire State ha sido diseñado por los arquitectos Shreve y Lamb, quienes cambiaron su diseño varias veces.

1928. El primer diseño para la torre de 50 pisos.

Tu trabajo diurno

COMIENZO. Estás en el sitio a las 3:30 a.m. El acero llega cada día al amanecer, y debes comenzar a trabajar tan pronto sea descargado.

TERMINACIÓN. Después de un día de 13 horas, terminarás a las 4:30 p.m.

ALMUERZO. Tendrás apenas 30 minutos para almorzar.

Consejo práctico

¡Trabaja rápido! Con tanto acero llegando, no hay un minuto que perder.

PAGA. Por un día completo de trabajo te pagarán alrededor de $ 26 dólares – esto es $2 dólares por hora.

1929. Se agranda el diseño a 65 pisos.

1929. Luego se convierte en una torre de 80 pisos, con 304 m (1.000 pies) de altura.

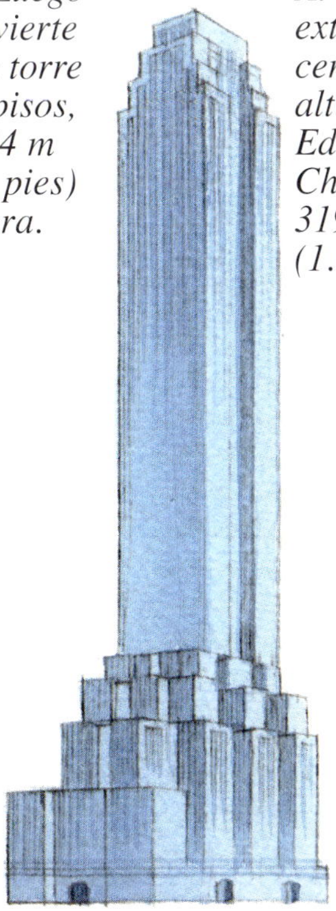

Al otro extremo del centro, el altísimo Edificio Chrysler mide 319 m (1.048 pies).

1929. Sin haber terminado, los arquitectos le agregan seis pisos al edificio haciéndolo de 320 m (1.050 pies) –la torre más alta del mundo. Más tarde se agregará un mástil en la parte superior.

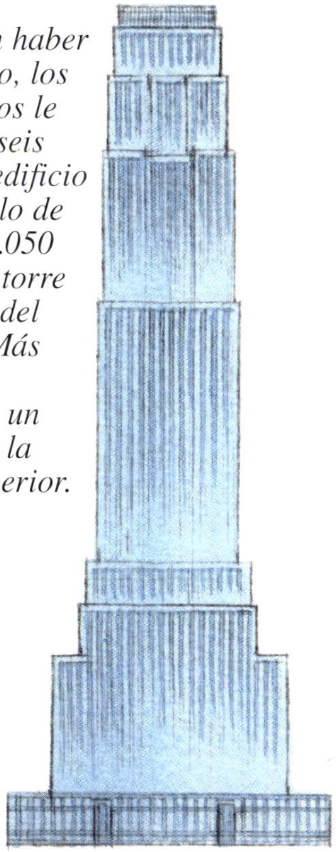

¡Levantarse! Hay que trabajar

La torre se eleva a una velocidad increíble –¡cuatro pisos y medio cada semana! Se ha planeado con tanto detalle, que es como construir un rompecabezas con cada viga encajando en el lugar correcto. Cuanto más se eleva, más alto tienes que subir a trabajar. Los empleados de otros rascacielos pasan un tiempo fatigoso subiendo rampas y escaleras. Pero en el Empire State es diferente. Tienen varios ascensores, algunos de ellos conservados del antiguo Hotel Waldorf-Astoria, y tú subes a trabajar rápida y fácilmente. Pero asegúrate de no caer por uno de los pozos del ascensor.

¡Peligro!

ACCIDENTE FATAL. Durante la construcción de la estructura de acero, uno de los hombres pierde la vida cuando cae por el pozo de un ascensor.

¿Cuántos hombres?

FUERZA DE TRABAJO. Miles de hombres trabajan en la torre. El mayor número trabajando en un momento dado es 3.439, el jueves 14 de agosto de 1930.

Consejo práctico

No olvides en qué piso estás trabajando. Si te bajas en el piso equivocado, llegarás tarde.

¡Agárralas! Une las vigas

Este es un sitio ruidoso. La mayor parte del ruido proviene de los remachadores –trabajadores que unen las vigas de acero con remaches. Eres uno de los receptores de las cuarenta cuadrillas de remachadores, y en un buen día, tu equipo puede hacer 500 remaches, por los cuales ganarás $1,92 dólares por hora. Tienes que concentrarte en este trabajo. No solo tienes que atrapar los remaches que te lanza el herrero al rojo vivo, sino que debes llevárselos al pasador antes de que se enfríen y se endurezcan y no pueda darles forma. La pistola neumática del pistolero golpea cada remache dos veces en un segundo para aplanarle la cabeza. El ruido es suficiente para ensordecerte, y posiblemente lo hará.

Cómo remachar una viga

1. EL HERRERO calienta un remache –una barra corta y fuerte de acero– hasta que se ablanda lo suficiente para ser martillada y darle forma.

2. LE LANZA el remache al rojo vivo al receptor.

3. EL RECEPTOR atrapa el remache en un balde de lata.

4. PONE el remache en un hueco perforado a través de dos vigas.

5.EL PASADOR sostiene el remache en su sitio.

6. EL PISTOLERO lo martilla con un martillo neumático. Esto hace que la cabeza del remache se ensanche tanto que no pueda salirse del hueco.

Consejo práctico

No te quemes. Los remaches están al rojo vivo, es mejor que recuerdes usar guantes gruesos.

¡Peligro!

ACCIDENTE FATAL. Una grúa meciéndose golpea a un hombre y lo mata.

EL 15 DE SEPTIEMBRE DE 1930 se da por terminado el trabajo en acero hasta el piso 86. En una ceremonia conocida como "cierre de tejado" se iza la bandera.

¡Chico del cielo! Equilibrista en lo alto

A medida que la torre se eleva, las multitudes en las calles miran largamente hacia arriba. Observan asombrados cómo caminas a lo largo de las estrechas vigas y te trepas y te bajas por los cables de acero. ¿Te sorprende que te llamen "chico del cielo"? Entre todos los caminantes del cielo que trabajan en el Empire State, los más valientes son los herreros Mohawk –nativos americanos con nervios de acero que al parecer no les tienen miedo a las alturas. Ellos lo hacen parecer fácil, pero es un trabajo peligroso. Todo lo que se necesita es un resbalón para tomar la vía rápida hacia abajo.

Para el recuerdo

SONRÍE, POR FAVOR, han contratado a un famoso fotógrafo para tomarles fotos a los obreros mientras hacen su trabajo. Si el Sr. Lewis Hine apunta su cámara hacia ti, quédate quieto mientras toma la fotografía.

Consejo práctico

Cuando camines sobre la viga no mires abajo. Fija tu mirada en el final de la viga. Mantendrás el equilibrio.

Comida y bebida

TRABAJO SEDIENTO. Puedes tomar tanta agua como quieras –solo pídele al aguatero que te la traiga. No dejes de trabajar.

HORA DE ALMORZAR. Debes estar atento al silbato del mediodía –tu descanso de 30 minutos para almorzar comienza ahora.

COMER AFUERA. Si no deseas una comida caliente, compra sándwiches y café y disfruta del paisaje.

COMER ADENTRO. Puedes disfrutar de una comida caliente y de una tajada de pastel en una cafetería en el lugar, por 40 centavos.

¡Cosa dura!

Tan pronto el acero para el nuevo piso está en su lugar, las cuadrillas de trabajadores comienzan con los pisos, paredes y ventanas. Luego de tu aterrador trabajo como "chico del cielo", crees que cualquier cosa es más segura –pero piénsalo de nuevo. Como albañil, tienes que poner los ladrillos de las paredes exteriores de la torre. Cada piso necesita alrededor de 100.000 ladrillos, y debes ponerlos en un día. Trabajas en el exterior del edificio, en una plataforma de madera llamada "camino del pato". Hay peligro por todas partes.

Materiales de construcción

PIEDRA. El exterior del edificio está cubierto con piedra caliza, traída de una cantera en Indiana, a 1.300 km (800 millas) de distancia.

VENTANAS. La torre tiene 6.400 ventanas. Todos los marcos están pintados de rojo oscuro en el exterior.

Consejo práctico

Mantén tu cabeza adentro del área de la plataforma. ¡Así no serás golpeado por lo que caiga.

LADRILLOS. Se han usado diez millones para las paredes. Los camiones tiran toneladas de ladrillos nuevos dentro de tolvas, que los deslizan luego dentro de carretas. Estas son elevadas hasta donde están los albañiles.

¡Peligro!

ACCIDENTE FATAL. Un trabajador que cayó de un "camino del pato" dio el paso hacia la muerte.

¡Cuidado con el clima!

NO SOLO hay peligros creados por el hombre –la naturaleza también puede causar problemas.

VIENTO. Es sumamente peligroso subirse a las vigas de acero cuando está soplando el viento.

¡La torre más alta del mundo!

El 11 de diciembre de 1929 oyes noticias de última hora. Todo el mundo está hablando sobre la altura de la nueva torre. En lugar de detenerse a 320 m (1.050 pies) como se había pensado, la altura final será de 381 m (1250 pies). Los 61 m adicionales (200 pies) serán un mástil donde los dirigibles puedan amarrarse. Estas son las naves del futuro, y los pasajeros podrán volar hacia y desde el corazón de la ciudad de Nueva York. Tomará 7 minutos subir desde la calle hasta la aeronave. Controla tus nervios mientras pones las últimas vigas de acero para hacer el mástil del dirigible.

FRÍO. En invierno tus dedos pronto estarán rígidos y entumecidos. Es difícil sostener las herramientas y el equipo.

LLUVIA. Cuando llueve las vigas se vuelven resbalosas. Ten cuidado cuando estés caminando por ellas.

Consejo práctico

Ten un plan para cualquiera que sea el clima. Revisa los reportes diarios en el periódico.

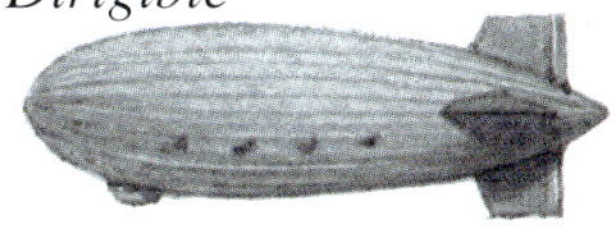

Dirigible

REMACHE DE ORO. Para marcar el lugar de la última viga, Al Smith, presidente de la compañía de construcción, martilla el último remache. Está hecho de oro puro.

** Si no hubiera resistencia del viento, un hombre que cayera desde 381 m (1.250 pies) alcanzaría el suelo en 11 segundos.*

** Palabras textuales de Al Smith.*

¡Vuelan chispas!

Las paredes, pisos y ventanas están en su sitio. Ahora es el momento de convertir la torre en un bloque de oficinas espléndidas. Carpinteros, maestros de obra, plomeros y electricistas se mueven para rellenar los interiores vacíos. Los vigilantes recorren regularmente el edificio, revisando señales de fuego. Ten cuidado con esos miles de cables eléctricos –¡no querrás pasar a la historia como el hombre que le prendió fuego al Edificio Empire State!

¡Fuego!

NOVIEMBRE DE 1930. Alrededor de las 6:00 a.m., se inicia el fuego en el comedor del piso 47. Pronto es controlado por los bomberos.

Acabados

ESTUCADO. Las paredes desnudas se cubren con una suave capa de yeso.

MADERA. Los carpinteros ajustan en su lugar los pisos, paneles y zócalos.

MÁRMOL. Mármoles de colores provenientes de Francia, Alemania, Bélgica e Italia decoran el vestíbulo del edificio.

¡Peligro!

ACCIDENTE FATAL. Un carpintero perdió la vida. Fue atropellado por uno de los pequeños remolques usados para mover materiales alrededor del sitio.

Consejo práctico

Mantén la cabeza abajo. Tendrás un choque eléctrico si tocas los cables que cuelgan del techo.

¡Trabajo hecho!

Has arriesgado tu vida en el edificio más alto del mundo, y después de un año y 45 días, el trabajo está terminado. Se planeó que la torre estaría lista en mayo de 1931, pero tú, y miles de obreros, han trabajado de más terminando el rascacielos en abril –un mes antes de lo programado.

La torre de negocios se inaugurará el 1º de mayo. Puedes mantener tu cabeza en alto, sabiendo que el duro trabajo ha sido recompensado.

¿Qué tan malo es malo?

SIN TRABAJO. Como la Gran Depresión golpea con más fuerza, es más difícil conseguir trabajo. Para 1931, en la ciudad de Nueva York hay casi un 50% menos de trabajos en construcción que el año anterior.

¿Y ahora qué?

Otra vez estás sin trabajo. Los empleos en construcción están más escasos que nunca, hay más hombres buscando trabajo. No tienes otra opción que aceptar el auxilio de desempleo del gobierno. El mismo edificio Empire State está en problemas. Para el día de la inauguración, solo se había arrendado el 23% de las oficinas, y el plan de amarrar dirigibles al mástil se había abandonado.

UNA MIRADA AL EDIFICIO EMPIRE STATE

Inicio: marzo de 1930
Finalización: abril de 1931
Tiempo de construcción: 410 días
Altura: 381 m (1.250 pies)
Costo: $24.718.000 dólares
Pisos: 103
Escalones: 1.860
Ventanas: 6.400
Trabajadores: Cerca de 3.400
Peso: 330.000 toneladas
Muertes: 6
Cápsula del tiempo: escondida en la piedra angular.

El Empire State se mantuvo como el edificio más alto del mundo hasta 1972.

A LO LARGO DE AMÉRICA, cerca de una sexta parte de todos los trabajadores están desempleados –alrededor de 8 millones de personas.

FILA DE AUXILIO. Tendrás que vivir con el auxilio de desempleo –dinero del gobierno.

FILA DEL PAN. Cuando se termine tu dinero de desempleo, haz fila con los pobres para un auxilio diario de alimentación.

Glosario

Aguatero Joven que carga el agua de beber de los trabajadores, y que la riega en el suelo para aplacar el polvo.

Camino del pato Plataforma provisional hecha de tablones de madera.

Chico del cielo Apodo para un hombre que trabaja a grandes alturas.

Cierre de tejado Ceremonia realizada por los constructores para marcar la terminación del punto más alto de un edificio nuevo.

Concreto Una mezcla de cemento, arena y gravilla que se convierte en un material duro, sólido y resistente.

Demoledor Persona cuyo trabajo es demoler (derribar) un edificio.

Dinamita Un tipo de explosivo.

Dinamitero Persona que trabaja con explosivos.

Dirigible Tipo de aeronave rellena de un gas más liviano que el aire. Luce como un gran globo alargado.

Escombros Piedras sueltas o residuos.

Fila de auxilio Cola de desempleados que esperan recibir un auxilio en dinero, pagado por el gobierno.

Fila del pan Cola de desempleados que esperan recibir comida gratis.

Gran Depresión Época a finales de los años 1920 y gran parte de la década de los 1930 en la que muchas personas en Estados Unidos y en otros países, se quedaron sin trabajo.

Grúa de vapor Máquina movida por vapor que eleva y baja objetos pesados.

Herrero En una cuadrilla de remaches, es el hombre que calienta un remache al rojo vivo, ablandándolo lo suficiente para darle forma con un martillo.

Hombre de tierra Uno de los hombres que trabajan en el equipo de la pala de vapor, guiándola al lugar correcto en tierra.

Inflamable Susceptible de prenderse en llamas.

Lecho de rocas La roca sólida que se encuentra debajo del suelo blando.

Martes negro 29 de octubre de 1929. En esta fecha cayó la Bolsa de Valores de Estados Unidos, desapareciendo millones de dólares de valores de las compañías.

Mármol Un tipo de piedra que puede pulirse para hacer paredes y pisos de tráfico pesado.

Martillo neumático Martillo movido por aire comprimido, llamado también pistola de aire o neumática.

Muelle Pilar o columna.

Pala de vapor Máquina movida por vapor que cava o palea tierra suelta.

Pasador En una cuadrilla de remache, es el hombre que sostiene el remache con una barra de hierro mientras es martillado por el remachador.

Piso Cada nivel de un edificio.

Pistola de aire Martillo neumático.

Pistolero En una cuadrilla de remaches, es el hombre que usa el martillo neumático, o pistola de aire, para aplanar la cabeza de un remache con el fin de unir dos piezas de acero.

Rascacielos Edificio muy alto.

Receptor En una cuadrilla de remache, es el hombre que recoge el remache que le lanza el herrero.

Remache Barra corta de metal usada para unir una pieza de metal a otra.

Torre de perforación Grúa de largo alcance.

Tolva Contenedor en forma de embudo.

Tenazas Herramienta usada para sostener algo que es peligroso tener en la mano, como un remache caliente.

Vigilante Trabajador que está atento a los problemas, especialmente al fuego.

Índice